AF188049

Impressum
Verlag: BABADADA GmbH, Nedderfeld 112 , 22529 Hamburg
Geschäftsführer / Verlagsleitung: Harald Hof
Druck: Books on Demand GmbH, In de Tarpen 42, 22848 Norderstedt

Imprint
Publisher: BABADADA GmbH, Nedderfeld 112 , 22529 Hamburg, Germany
Managing Director / Publishing direction: Harald Hof
Print: Books on Demand GmbH, In de Tarpen 42, 22848 Norderstedt, Germany

Szkoła

اسکول

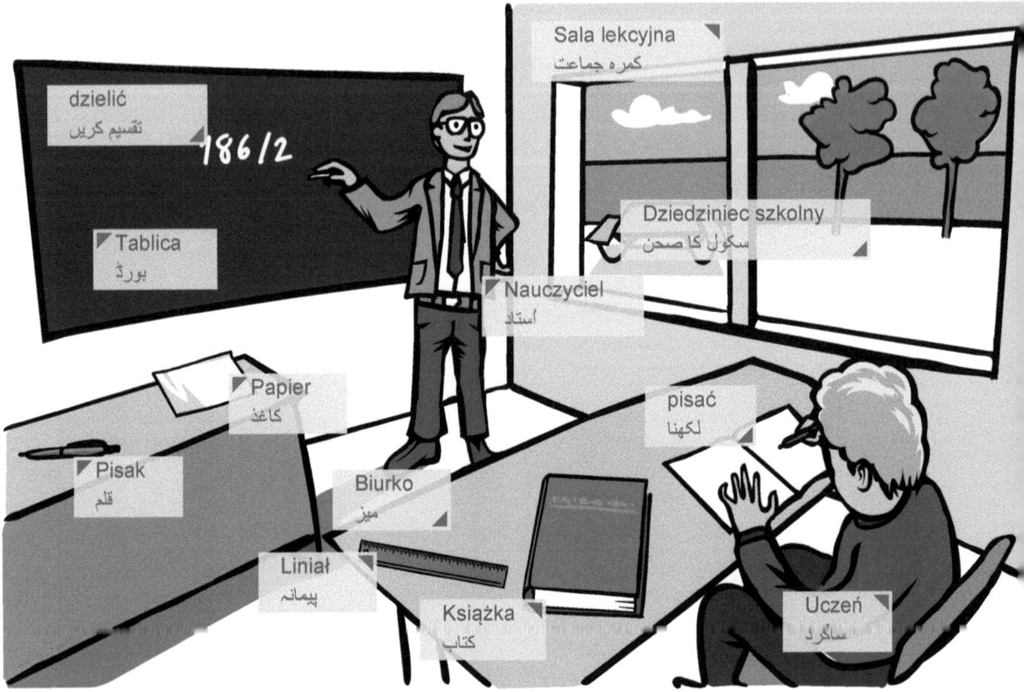
Sala lekcyjna
کمرہ جماعت
dzielić
تقسیم کریں
186/2
Tablica
بورڈ
Dziedziniec szkolny
سکول کا صحن
Nauczyciel
اُستاد
Papier
کاغذ
pisać
لکھنا
Pisak
قلم
Biurko
میز
Liniał
پیمانہ
Książka
کتاب
Uczeń
شاگرد

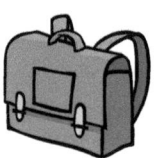

Plecak szkolny

بستہ

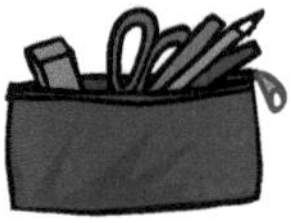

Piórnik

پینسل کیس

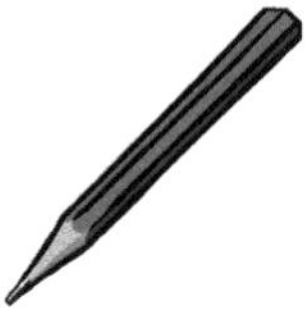

Ołówek

پینسل

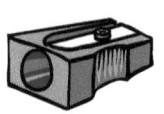

Temperówka

پینسل شارپنر

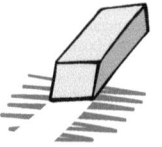

Gumka do mazania

ربڑ

Blok rysunkowy

ڈرائنگ پیڈ

Rysunek
....
ڈرائنگ

Pędzel
....
پینٹ برش

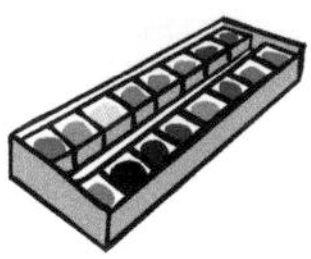

Pudełko z akwarelami
....
پینٹ باکس

Nożyce
....
قینچی

Klej
....
گوند

Książka do ćwiczenia
....
مشق کی کاپی

Zadanie domowe
....
ہوم ورک

Liczba
....
ہندسہ

dodawać
....
جمع کریں

odejmować
....
منفی کریں

mnożyć
....
ضرب دیں

liczyć
....
شمارکریں

Litera
....
خط

Alfabet
....
حروف تہجی

Słowo
....
لفظ

Tekst

متن

czytać

پڑھنا

Kreda

چاک

Godzina

سبق

Dziennik lekcyjny

اندراج

Egzamin

امتحان

Świadectwo

سند

Mundurek szkolny

سکول یونیفارم

Wykształcenie

تعلیم

Leksykon

انسائیکلوپیڈیا

Uniwersytet

یونیورسٹی

Mikroskop

خورد بین

Mapa

نقشہ

Kosz na odpadki

ویسٹ پیپر باسکٹ

Podróż

سفر

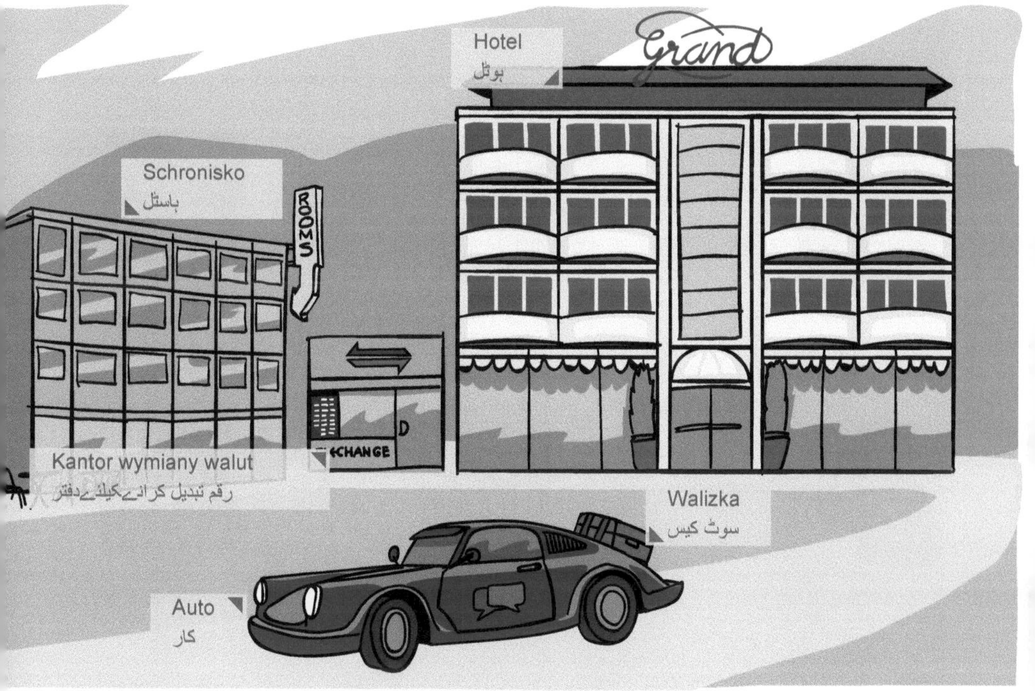

Hotel
ہوٹل
Grand
Schronisko
ہاسٹل
ROOMS
Kantor wymiany walut
رقم تبدیل کرانے کیلئے دفتر
CHANGE
Walizka
سوٹ کیس
Auto
کار

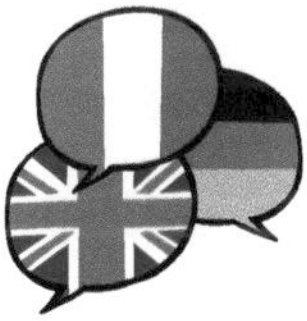

Język

زبان

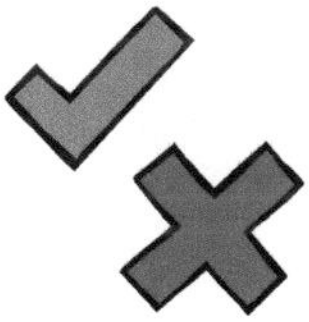

tak / nie

ہاں / نہیں

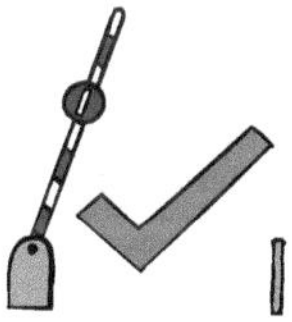

OK

ٹھیک ہے

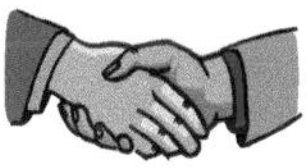

Halo

ہیلو

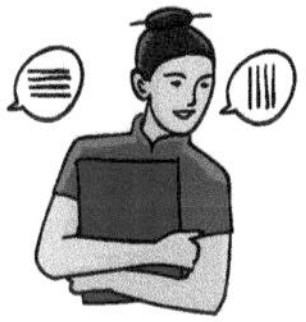

Tłumacz

مُترجم

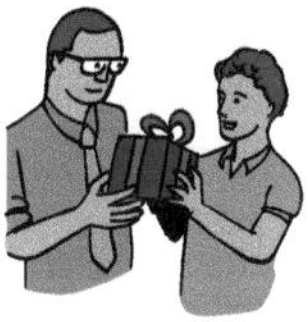

Dziękuję

شُکریہ

Ile kosztuje ...?

--- کی کیا قیمت ہے؟

Nie rozumiem

میں نہیں سمجھتا

Problem

مشکل

Dobry wieczór!

شام بخیر!

Dzień dobry!

صبح بخیر!

Dobranoc!

شب بخیر!

Do widzenia

الوداع

Kierunek

سمت

Bagaż

سفری سامان

Torba

بیگ

Plecak

بیگ پیک

Gość

مہمان

Pokój

کمرہ

Śpiwór

سلیپنگ بیگ

Namiot

ٹینٹ

Informacja turystyczna

سیاحوں کے لنے معلومات

Plaża

ساحل

Karta kredytowa

کریڈٹ کارڈ

Śniadanie

ناشتہ

Obiad

لنچ

Kolacja

ڈنر

Bilet

ٹکٹ

Winda

لفٹ

Znaczek na list

مُہر

Granica

سرحد

Cło

کسٹمز

Ambasada

سفارت خانہ

Wiza

ویزا

Paszport

پاسپورٹ

Transport

نقل وحمل

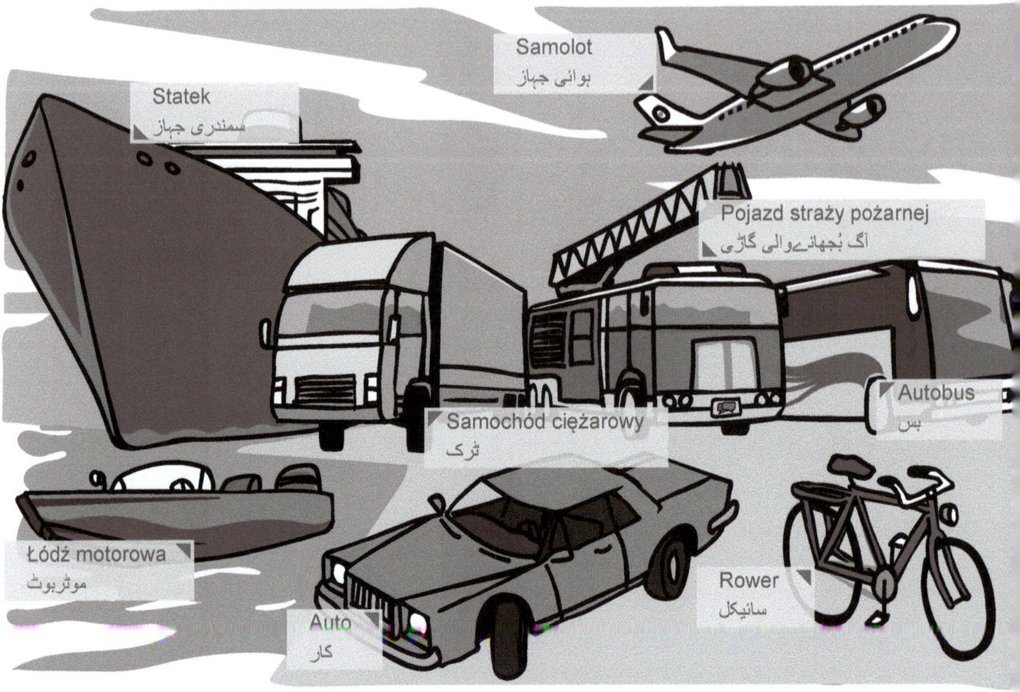
Samolot
ہوائی جہاز
Statek
سمندری جہاز
Pojazd straży pożarnej
آگ بُجھانےوالی گاڑی
Autobus
بس
Samochód ciężarowy
ٹرک
Łódź motorowa
موٹربوٹ
Rower
سائیکل
Auto
کار

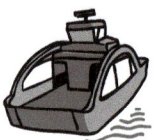

Prom
فیری

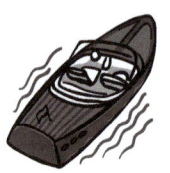

Łódź
کشتی

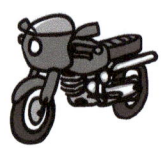

Motocykl
موٹرسائیکل

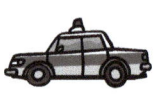

Radiowóz policyjny
پولیس کار

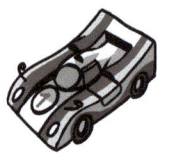

Samochód wyścigowy
ریسنگ کار

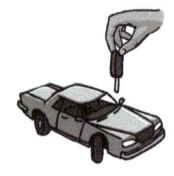

Samochód wypożyczony
کرایہ پرکار

Wspólne przejazdy
samochodem
کار کا اشتراک کرنا

Samochód pomocy
drogowej
کھینچنے والا ٹرک

Śmieciarka
کوڑے والا ٹرک

Silnik
کار

Benzyna
ایندھن

Stacja benzynowa
پٹرول اسٹیشن

Znak drogowy
ٹریفک کے نشانات

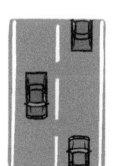

Ruch
ٹریفک

Korek
ٹریفک جام

Parking
کارپارک

Dworzec
ٹرین اسٹیشن

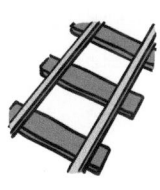

Szyny
پٹڑیاں

Pociąg
ٹرین

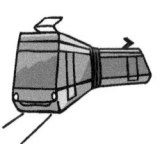

Tramwaj
ٹرام

Wagon
ویگن

Helikopter

ہیلی کاپٹر

Lotnisko

ائیرپورٹ

Wieża

ٹاور

Pasażer

مسافر

Kontener

کنٹینر

Karton

ڈبہ

Taczka

ریڑھا

Kosz

ٹوکری

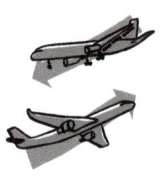

startować / lądować

اڑان بھرنا / زمین پراترنا

Miasto

شہر

Wieś

گاؤں

Centrum miasta

سٹی سنٹر

Dom

مکان

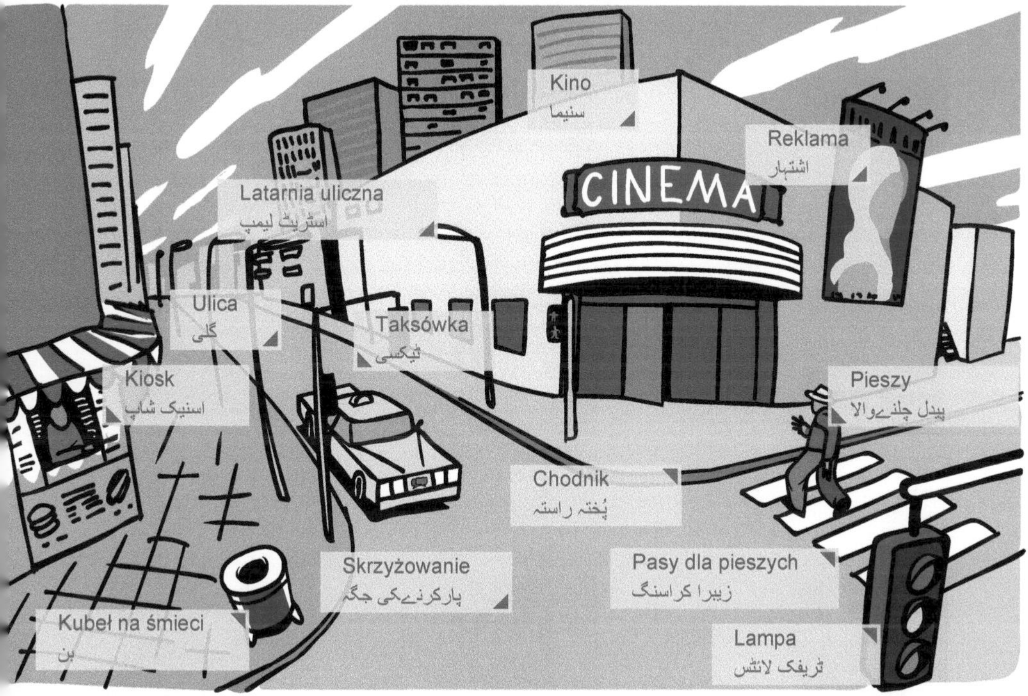

CINEMA
Kino
سنیما
Reklama
اشتہار
Latarnia uliczna
اسٹریٹ لیمپ
Ulica
گلی
Taksówka
ٹیکسی
Kiosk
اسنیک شاپ
Pieszy
پیدل چلنے والا
Chodnik
پُختہ راستہ
Skrzyżowanie
پارکرنےکی جگہ
Pasy dla pieszych
زیبرا کراسنگ
Kubeł na śmieci
بن
Lampa
ٹریفک لائٹس

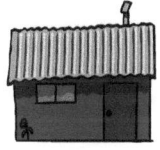

Chata

ہٹ

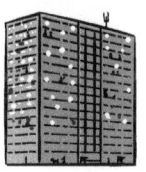

Mieszkanie

فلیٹ

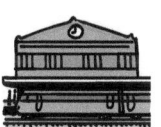

Dworzec

ٹرین اسٹیشن

Ratusz

ٹاؤن ہال

MUSEUM

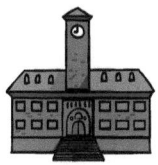

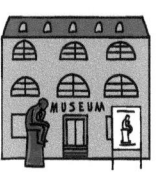

Muzeum

عجائب گھر

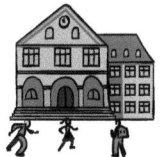

Szkoła

اسکول

Uniwersytet

یونیورسٹی

Bank

بینک

Szpital

ہسپتال

Hotel

ہوٹل

Apteka

فارمیسی

Biuro

دفتر

Księgarnia

کتابوں کی دکان

Sklep

دکان

Kwiaciarnia

پھولوں کی دکان

Supermarket

سُپرمارکیٹ

Rynek

مارکیٹ

Dom towarowy

ڈیپارٹمنٹ سٹور

Sklep z rybami

مچھلی کی دُکان

Centrum handlowe

شاپنگ سنٹر

Port

بندرگاہ

Park

پارک

Ławka

بنچ

Most

پُل

Schody

سیڑھیاں

Metro

انڈرگراؤنڈ

Tunel

سُرنگ

Przystanek autobusowy

بس اسٹاپ

Bar

شراب خانہ

Restauracja

ریسٹورنٹ

Skrzynka na listy

پوسٹ باکس

Tabliczka z nazwą ulicy

اسٹریٹ سائن

Parkometr

پارکنگ میٹر

Zoo

چڑیا گھر

Łaźnia

سوئمنگ پول

Meczet

مسجد

Gospodarstwo chłopskie

کھیت

Zanieczyszczenie środowiska

آلودگی

Cmentarz

قبرستان

Kościół

چرچ

Plac zabaw

کھیل کا میدان

Świątynia

مندر

Krajobraz

منظر

Liść
پتہ

Drogowskaz
رہنمائی کے لئے لگا ہوا بورڈ

Droga
راستہ

Łąka
سبزہ زار

Kamień
پتھر

Drzewo
درخت

Wędrowiec
پیدل چلنے والا، ہائیکر

Rzeka
دریا

Trawa
گھاس

Kwiat
پھول

Dolina

وادی

Góra

پہاڑی

Jezioro

جھیل

Las

جنگل

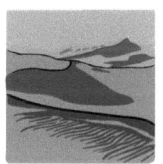

Pustynia

صحرا

Wulkan

آتش فشاں

Zamek

قلعہ

Tęcza

قوس قزح

Grzyb

گھمبی

Palma

کجھورکا درخت

Komar

مچھر

Mucha

مکھی

Mrówka

چیونٹی

Pszczoła

مکھی

Pająk

مکڑا

Chrząszcz

بھونرا

Żaba

مینڈک

Wiewiórka

گلہری

Jeż

خارپُشت

Zając

خرگوش

Sowa

الو

Ptak

پرندہ

Łabędź

راج ہنس

Dzik

سؤر

Jeleń

ہرن

Łoś

امریکی بارہ سنگھا

Tama

ڈیم

Wiatrak

ہوا سےچلنےوالی ٹربائنیں

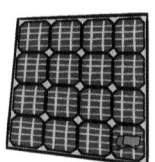

Moduł solarny

سولرپینل

Klimat

آب وہوا

Restauracja

ریسٹورنٹ

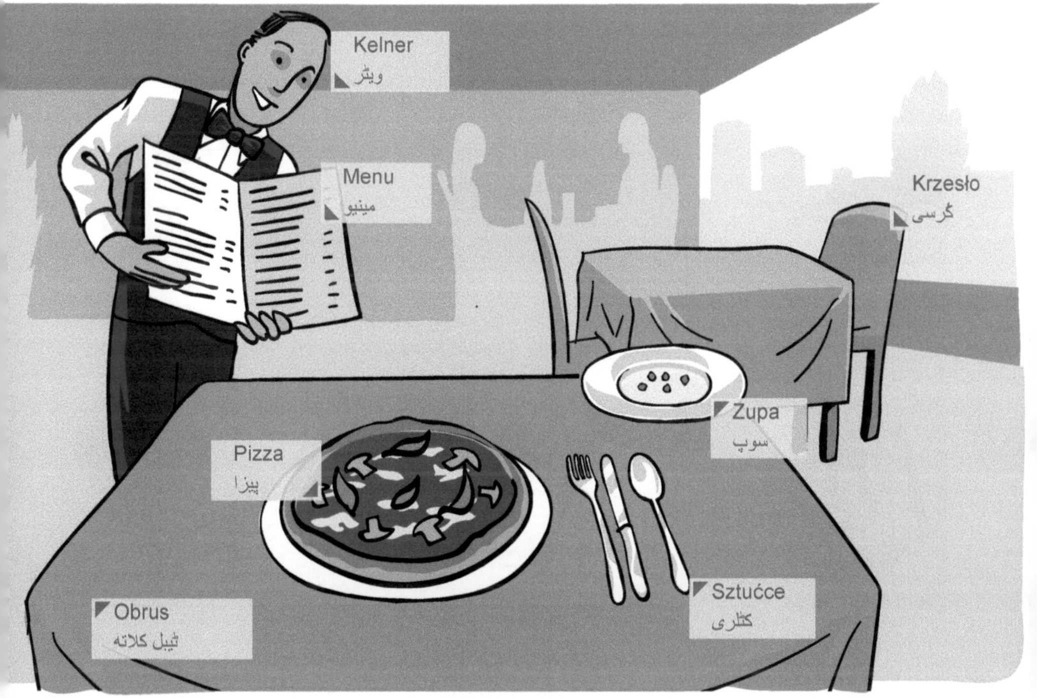

Kelner
ویٹر
Menu
مینیو
Krzesło
کُرسی
Zupa
سوپ
Pizza
پیزا
Sztućce
کٹلری
Obrus
ٹیبل کلاتھ

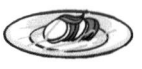

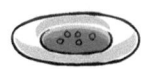

Przystawka

....

اسٹارٹر

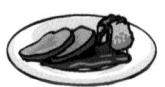

Danie główne

....

مین کورس

Deser

....

ڈیزرٹ

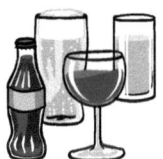

Napoje

....

مشروبات

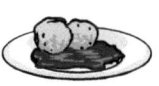

Jedzenie

....

کھانےکی اشیاء

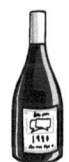

Butelka

....

بوتل

Fastfood

فاسٹ فوڈ

Streetfood

اسٹریٹ فوڈ

Dzbanek na herbatę

چائےدانی

Cukierniczka

شوگرباکس

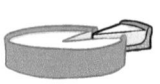

Porcja

حصہ

Zaparzarka do espresso

ایسپریسو مشین

Krzesło dla dziecka

اونچی گرسی

Rachunek

بل

Taca

ٹرے

Noż

چھُری

Widelec

کانٹا

Łyżka

چمچ

Łyżeczka

چائے کا چمچ

Serwetka

سرویننیٹی

Szklanka

شیشہ

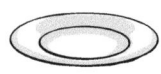

Talerz

پلیٹ

Talerz do zupy

سوپ پلیٹ

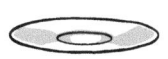

Podstawek pod filiżankę

طشتری

Sos

چٹنی

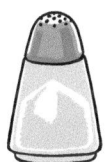

Solniczka

سالٹ شیکر

Młynek do pieprzu

پیپرمل

Ocet

سرکہ

Olej

خوردنی تیل

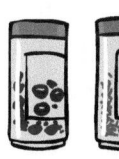

Przyprawy

مصالحے

Keczup

کیچپ

Musztarda

سرسوں

Majonez

مینونیز

Supermarket

سُپرمارکیٹ

Oferta
خصوصی پیشکش
FOR
Klient
گاہک
Produkty mleczne
ڈیری
Owoce
پھل
Wózek sklepowy
ٹرالی

BUTCHERS

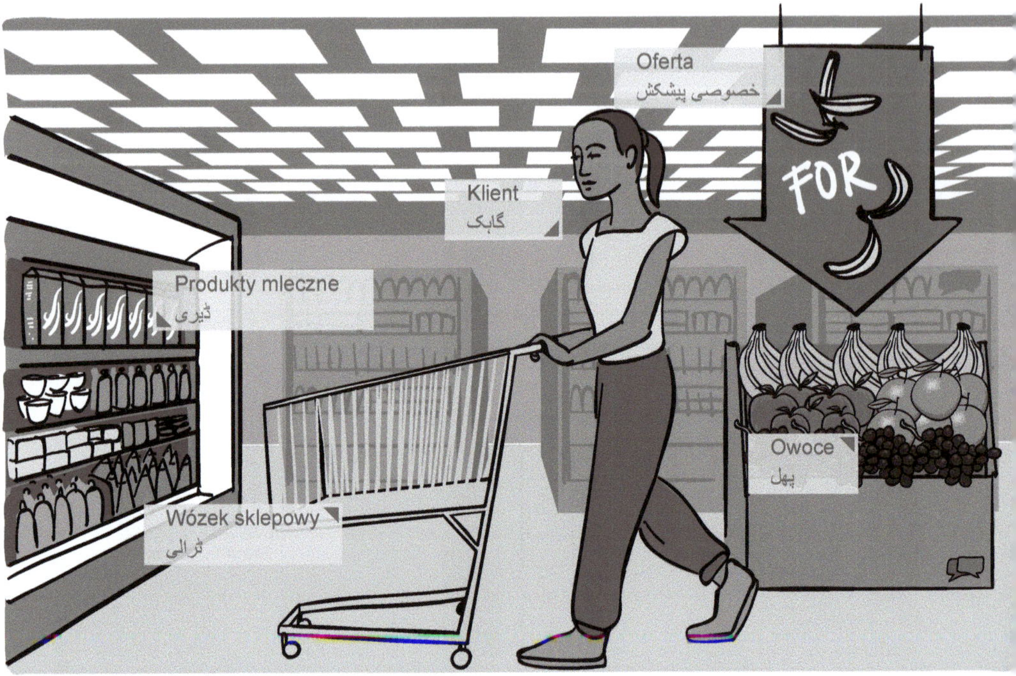

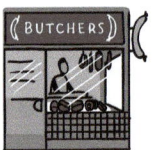

Rzeźnia

گوشت کی دُکان

BAKERY

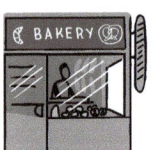

Piekarnia

بیکری

ważyć

وزن کرنا

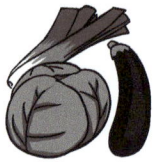

Warzywa

سبزیاں

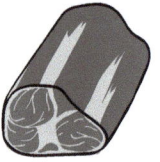

Mięso

گوشت

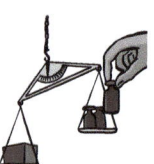

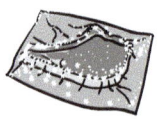

Mrożonki

جما ہوا کھانا

Wędliny

کولڈ کٹس

Konserwy

ڈبے میں بند کھانا

Proszek m do prania

واشنگ پاؤڈر

Słodycze

مٹھائیاں

Artykuły użytku domowego

گھریلو مصنوعات

Środek czyszczący

صاف کرنے کیلئے مصنوعات

Sprzedawczyni

سیلزپرسن

Kasa

کیش رجسٹر

Kasjer

کیشئیر

Lista zakupów

خریداری کی فہرست

Godziny otwarcia

اوقات کار

Portfel

بٹوہ

Karta kredytowa

کریڈٹ کارڈ

Torba

تھیلا

Torebka plastikowa

پلاسٹک کے تھیلے

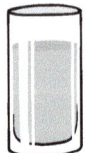

Woda

پانی

Sok

جوس، رس

Mleko

دودھ

Cola

کوک

Wino

وائن

Piwo

بیئر

Alkohol

الکوحل

Kakao

کوکوآ

Herbata

چائے

Kawa

کافی

Espresso

ایسپریسو

Cappuccino

کیپاچینو

Banan

کیلا

Jabłko

سیب

Pomarańcza

مالٹا

Arbuz

خربوزہ

Cytryna

لیموں

Marchew

گاجر

Czosnek

لہسن

Bambus

بانس

Cebula

پیاز

Grzyb

کھُمبی

Orzechy

اخروٹ، بادام وغیرہ

Makaron

نوڈلز

Spaghetti

اسپیگیٹی

Ryż

چاول

Sałatka

سلاد

Frytki

چپس

Ziemniaki pieczone

تلے گئے آلو

Pizza

پیزا

Hamburger

ہیم برگر

Kanapka

سینڈوچ

Sznycel

کٹلیٹ

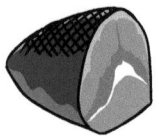

Szynka

سؤر کی ران کا گوشت

Salami

گوشت کی اطالوی ساسیج

Kiełbasa

ساسیج

Kura

مُرغی

Pieczeń

روسٹ

Ryba

مچھلی

Płatki owsiane

جنی کا دلیہ

Musli

میوزلی

Płatki kukurydziane

کارن فلیکس

Mąka

آٹا

Croissant

کروئیسنٹ

Bułka

بریڈ رول

Chleb

بریڈ

Toast

ٹوسٹ

Ciastka

بسکٹ

Masło

مکھن

Twarożek

دہی

Ciasto

کیک

Jajko

انڈا

Jajko sadzone

فرائی کیا گیا انڈہ

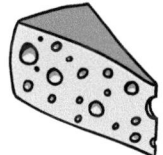

Ser

پنیر

Lody

آئس کریم

Cukier

چینی

Miód

شہد

Marmolada

جام

Krem nugatowy

ناؤگٹ کریم

Curry

سالن

Gospodarstwo chłopskie

کھیت

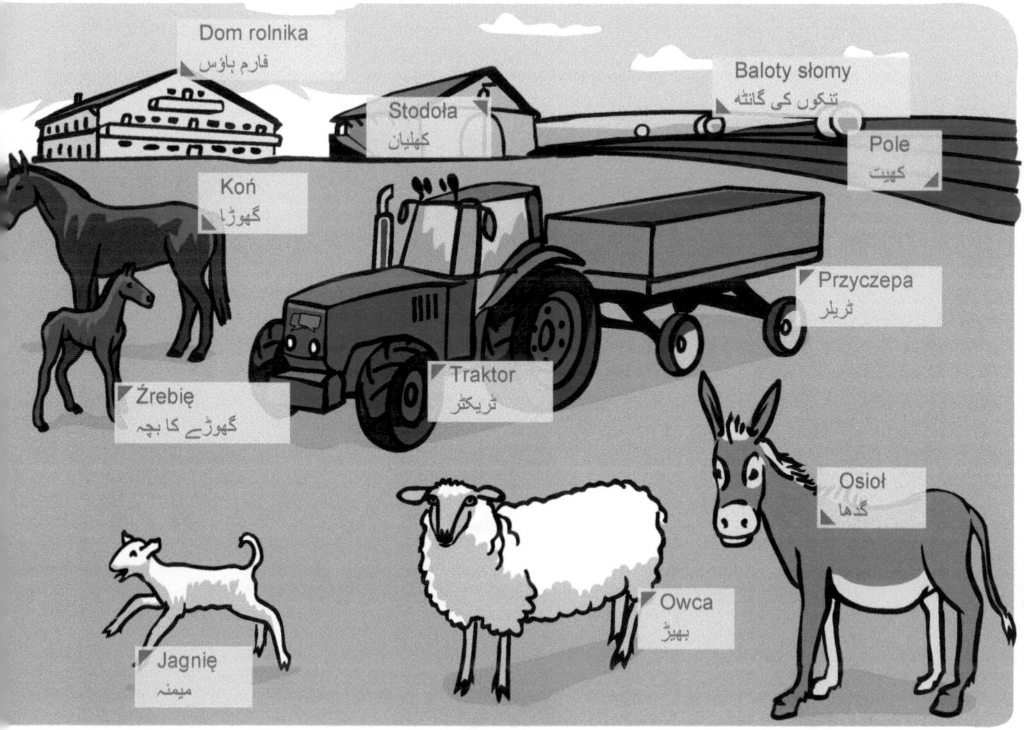

Dom rolnika
فارم ہاؤس
Stodoła
کھلیان
Baloty słomy
تنکوں کی گانٹھ
Pole
کھیت
Koń
گھوڑا
Przyczepa
ٹریلر
Traktor
ٹریکٹر
Źrebię
گھوڑے کا بچہ
Osioł
گدھا
Owca
بھیڑ
Jagnię
میمنہ

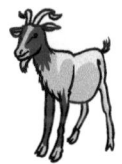

Koza

بکری

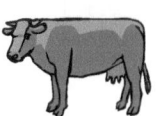

Krowa

گائے

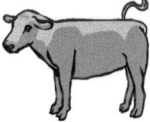

Cielę

بچھڑا

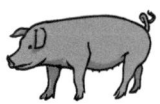

Świnia

سؤر

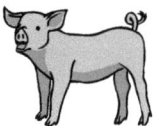

Prosię

سؤر کا بچہ

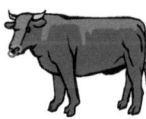

Byk

سانڈ

Gęś

راج بنس

Kaczka

بطخ

Kurczątko

چوزه

Kura

مُرغی

Kogut

مُرغا

Szczur

چوہا

Kot

بلی

Mysz

چوہا

Osioł

بیلچہ

Pies

کتا

Buda dla psa

کتے کا گھر

Wąż ogrodowy

گارڈن باؤس

Konewka

پانی کا کین

Kosa

درانتی

Pług

ہل

Sierp

درانتی

Graca

بیلچہ

Widły

ترنگل

Siekiera

کلہاڑا

Taczka

بتہ گاڑی

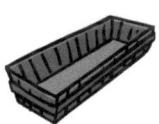

Koryto

حوض

Kanka na mleko

دودھ کا کین

Worek

تھیلا

Płot

باڑ

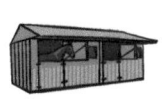

Stajnia

اصطبل

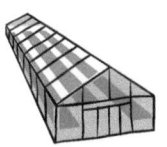

Szklarnia

گرین باؤس

Ziemia

مٹی

Nasiona

بیج

Nawóz

فرٹیلائیزر

Kombajn zbożowy

کمبائن ہارویسٹر

zbierać

فصل کاٹنا

Żniwa

فصل کاٹنا

Podchrzyn

افریقی آلو

Pszenica

گندم

Soja

سویا

Ziemniak

آلو

Kukurydza

مکئی

Rzepak

توریا کا تیل

Drzewo owocowe

پھلداردرخت

Maniok

کساوا

Zboże

دلیہ

Dom
مکان

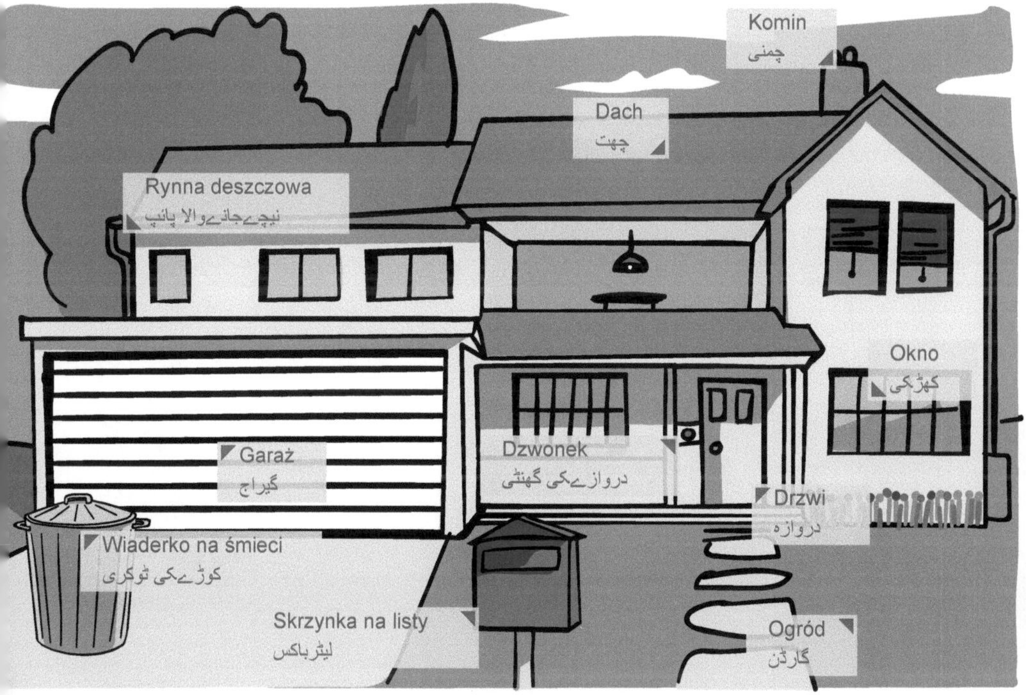

Komin
چمنی
Dach
چھت
Rynna deszczowa
نیچے جانے والا پائپ
Okno
کھڑکی
Dzwonek
دروازے کی گھنٹی
Garaż
گیراج
Drzwi
دروازہ
Wiaderko na śmieci
کوڑے کی ٹوکری
Skrzynka na listy
لیٹرباکس
Ogród
گارڈن

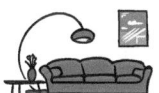

Pokój dzienny

لوونگ روم

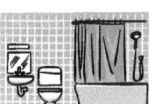

Łazienka

غُسل خانہ

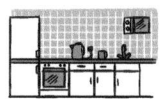

Kuchnia

باورچی خانہ

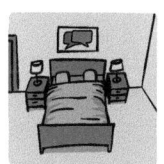

Sypialnia

بیڈروم

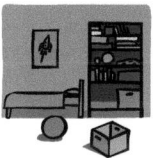

Pokój dziecięcy

بچوں کا کمرہ

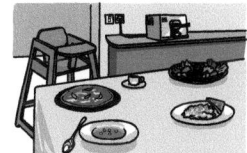

Jadalnia

کھانے کا کمرہ

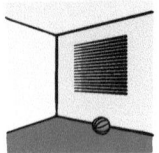

Ziemia

فرش

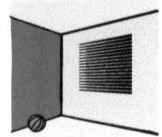

Ściana

دیوار

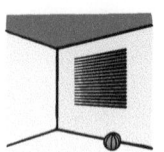

Koc

چهت

Piwnica

تم خانہ

Sauna

سوانا

Balkon

بالکونی

Taras

ٹیریس

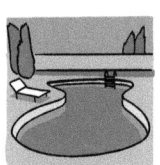

Basen

پول

Kosiarka do trawy

گھاس کاٹنےکی مشین

Poszwa

چادر

Kołdra

چادر

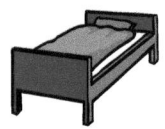

Łóżko

بستر

Miotła

جھاڑو

Wiadro

بالٹی

Włącznik

سوئچ

Pokój dzienny

لوونگ روم

Tapeta
وال پیپر
Obraz
تصویر
Lampa
لیمپ
Regał
شیلف
Szafa
الماری
Telewizor
ٹیلی ویژن
Komin
آتش دان
Kwiat
پھول
Poduszka
کُشن
Kanapa
صوفہ
Wazon
گلدان
Pilot
ریموٹ کنٹرول

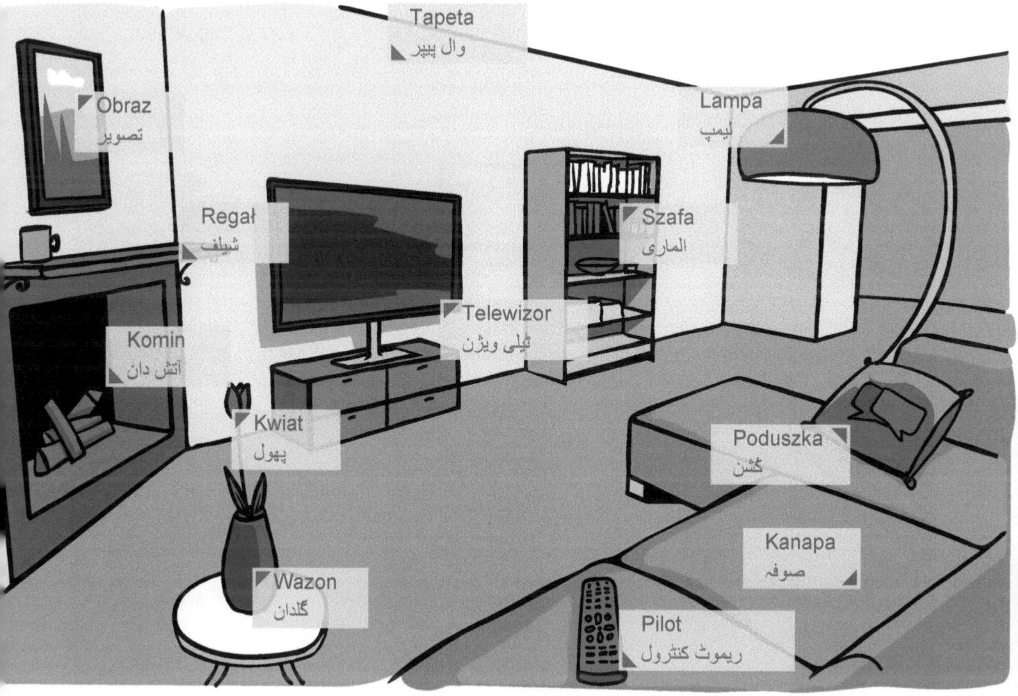

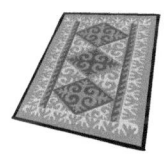

Dywan

قالین

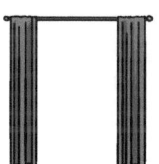

Zasłona

پردے

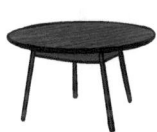

Stół

میز

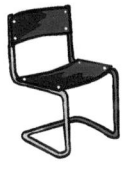

Krzesło

کُرسی

Bujak

ہلنے والی کُرسی

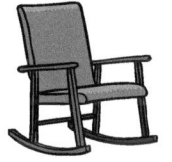

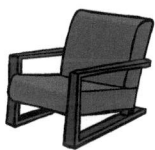

Fotel

آرام کُرسی

Książka

كتاب

Sufit

كمبل

Dekoracja

آرائش

Drewno kominkowe

جلانے کی لکڑی

Film

فلم

Instalacja stereo

ہائی فائی

Klucz

چابی

Gazeta

اخبار

Malunek

پینٹنگ

Plakat

پوسٹر

Radio

ریڈیو

Notatnik

نوٹ بُک

Odkurzacz

ویکیوم کلینر

Kaktus

کیکٹس

Świeczka

موم بتی

Kuchnia
باورچی خانہ

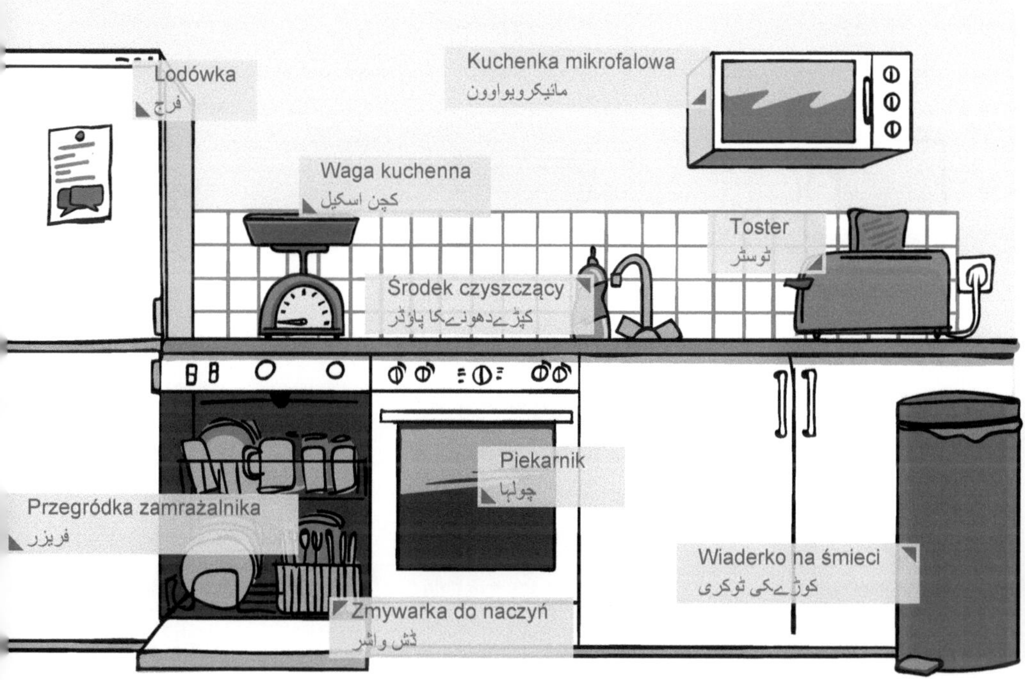
Lodówka
فرج
Kuchenka mikrofalowa
مائیکروویواوون
Waga kuchenna
کچن اسکیل
Toster
ٹوسٹر
Środek czyszczący
کپڑےدھونےکا پاوڈر
Piekarnik
چولہا
Przegródka zamrażalnika
فریزر
Wiaderko na śmieci
کوڑےکی ٹوکری
Zmywarka do naczyń
ڈش واشر

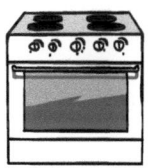

Kuchenka
ککر

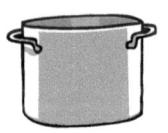

Garnek
برتن

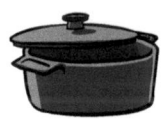

Kocioł żeliwny
لوہےکا برتن

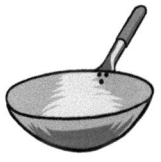

Wok / Kadai
کڑاہی

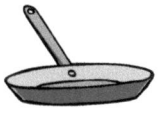

Patelnia
برتن

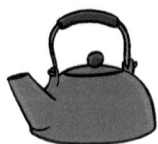

Czajnik
کیتلی

Parowar

استیمر

Blacha do pieczenia

بیکنگ ٹرے

Naczynia kuchenne

کراکری

Kubek

مگ

Miska

پیالہ

Pałeczki

چاپ اسٹکس

Nabierka

ٹورنی

Łopatka do smażenia

کلپر

Trzepaczka do śmietany

بھارڈینا

Cedzak

مقطر

Sitko

چھلنی

Tarka

گریٹر

Moździerz

کونڈی

Grillowanie

باربی کیو

Palenisko

کھُلی آگ

Deska

چاپنگ بورڈ

Wałek do ciasta

بیلن

Korkociąg

کارک اسکریو

Puszka

کین

Otwieracz do puszek

کین اوپنر

Ściereczka do trzymania garnka

برتن پکڑنےوالا کپڑا

Umywalka

سنک

Szczotka

برش

Gąbka

اسپونج

Mikser

بلینڈر

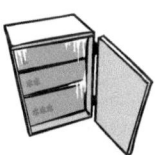

Zamrażarka

ڈیپ فریز

Butelka dla niemowlęcia

بچےکی بوتل

Kran

ٹونٹی

Prysznic
شاور

Ogrzewanie
ہیٹنگ

Ręcznik
تولیہ

Kotara prysznicowa
شاورکرٹن

Płyn do kąpieli
بیل باتھ

Wanna kąpielowa
باتھ ٹب

Szklanka
شیشہ

Pralka
واشنگ مشین

Kran
ٹونٹی

Kafelki
ٹائلیں

Nocnik
پاٹی

Umywalka
سنک

Toaleta
ٹائلٹ

Toaleta kuczna
دوزانوں بیٹھنے والی ٹائلٹ

Bidet
نچلاحصہ دھونے کیلئے پاٹ

Pisuar
پیشاب گاہ

Papier toaletowy
ٹائلٹ پیپر

Szczotka toaletowa
ٹائلٹ برش

Szczoteczka do zębów

ٹوتھ برش

Pasta do zębów

ٹوتھ پیسٹ

Nitki do czyszczenia zębów

ڈینٹل فلاس

myć

دھونا

Głowica prysznicowa

ہینڈ شاور

Płyn kąpielowy do higieny intymnej

شاور

Miska do mycia

بیسن

Szczotka kąpielowa

بیک برش

Mydło

صابن

Żel prysznicowy

شاورجل

Szampon

شیمپو

Rękawica kąpielowa

فلالین

Odpływ

ڈرین

Krem

کریم

Dezodorant

ڈیوڈورنٹ

Lustro

آئینہ

Lustro kosmetyczne

ہاتھ میں پکڑا جانےوالا آئینہ

Golarka

ریزر

Pianka do golenia

شیونگ فوم

Woda po goleniu

آفٹر شیو

Grzebień

کنگھی

Szczotka

برش

Suszarka do włosów

ہیئر ڈرائر

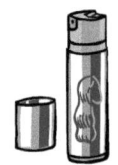

Spray do włosów

ہیئراسپرے

Makijaż

میک اپ

Pomadka

لپ اسٹک

Lakier do paznokci

نیل وارنش

Wata

روئی

Nożyczki do paznokci

ناخن کاٹنےکی قینچی

Perfum

پرفیوم

Kosmetyczka

واش بيگ

Taboret

پاخانہ

Waga

وزن کرنے کی مشین

Szlafrok kąpielowy

باتھ روب

Rękawice gumowe

ربڑ کے دستانے

Tampon

ٹیمپون

Podpaska damska

سینیٹری ٹاول

Toaleta chemiczna

کیمیکل ٹائلٹ

Pokój dziecięcy

بچوں کا کمرہ

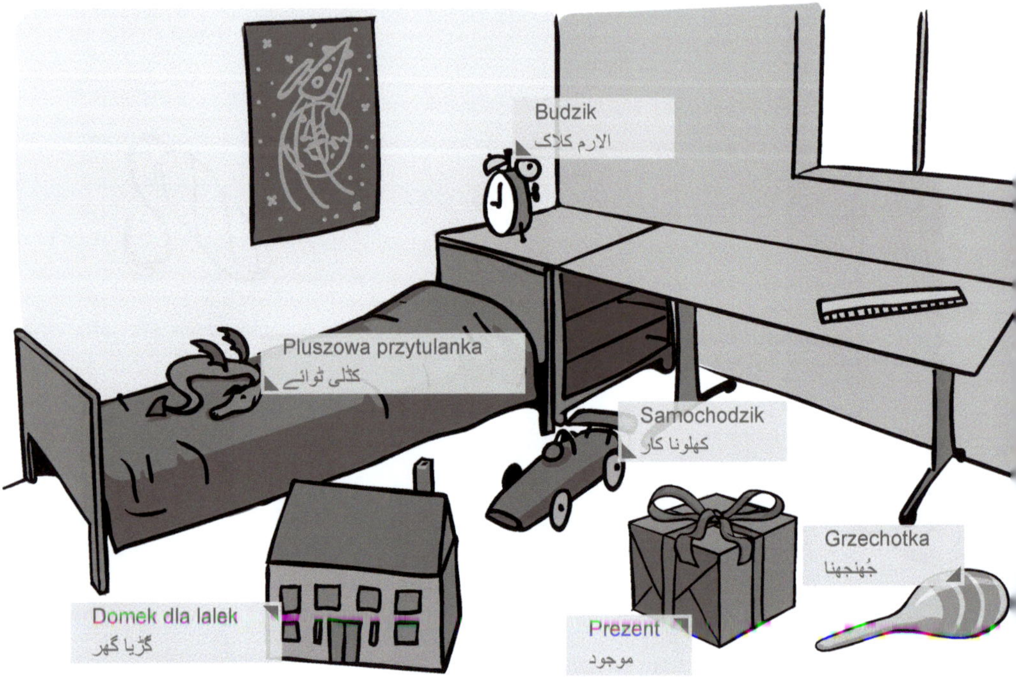

Budzik
الارم کلاک
Pluszowa przytulanka
کڈلی ٹوائے
Samochodzik
کھلونا کار
Grzechotka
جُھنجھنا
Domek dla lalek
گڑیا گھر
Prezent
موجود

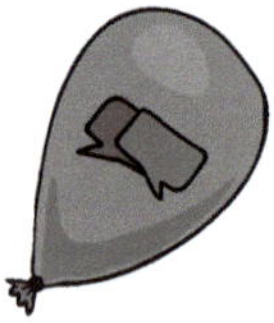

Balon

غبارہ

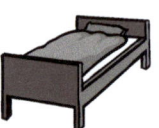

Łóżko

بستر

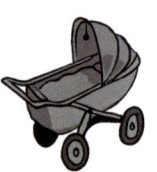

Wózek dziecięcy

پرام

Gra w karty

ڈیک آف کارڈز

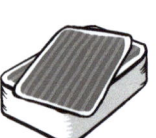

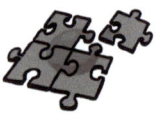

Puzzle

جگسا

Komiks

کامک

Klocki lego

لیگوبرکس

Klocki

کھلونا بلاکس

Action figura

ایکشن فگر

Śpioszek dziecięcy

بچےکا لباس

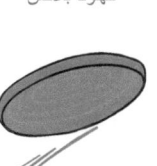

Frisbee

فرسبی

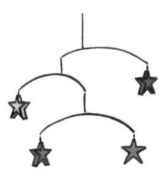

Zabawki ruchome

کھلونا موبائل

Gra planszowa

بورڈ گیم

Kości

ڈائس

Kolejka elektryczna

ماڈل ٹرین سیٹ

Smoczek

ڈمی

Przyjęcie

پارٹی

Książka z ilustracjami

تصاویروالی کتاب

Piłka

گیند

Lalka

گڑیا

bawić się

کھیلنا

Piaskownica

سینڈ پٹ

Huśtawka

جھولا جھولنا

Zabawki

کھلونے

Konsola do gier

وڈیوگیم کنسول

Rowerek trójkołowy

تین پہیوں والی سائیکل

Pluszowy miś

ٹیڈی بیئر

Szafa ubraniowa

کپڑوں کی الماری

Ubiór

لباس

Skarpety

موزے

Pończochy

اسٹاکنگز

Rajstopy

ٹائٹس

Szal
اسکارف

Parasol
چھتری

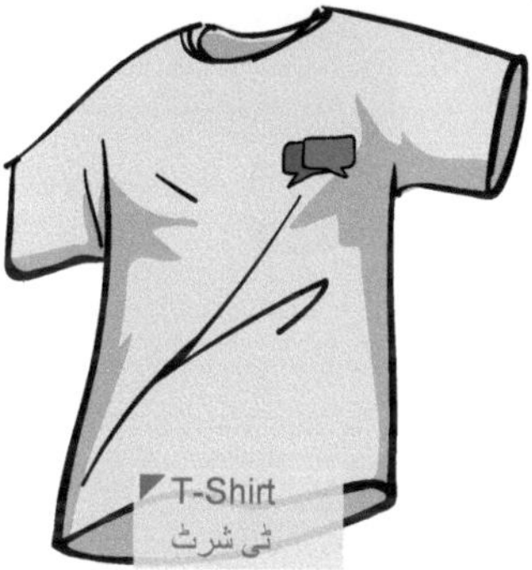

T-Shirt
ٹی شرٹ

Pasek
بیلٹ

Kozaki
بوٹ

Pantofle domowe
سلیپر

Obuwie sportowe
اسنیکرز

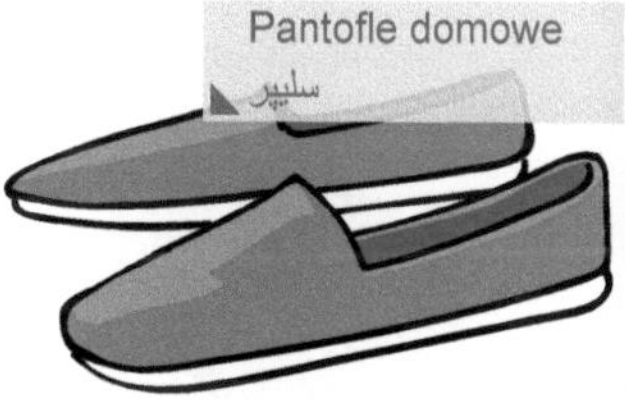

Sandały

....

سینڈل

Buty

....

جوتے

Kalosze

....

ربڑ کے بوٹ

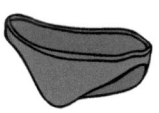

Majtki

....

زیر جامہ

Biustonosz

....

بریزئیر

Podkoszulek

....

واسکٹ

Body

جسم

Spodnie

پتلون

Dżins

جینز

Spódnica

اسکرٹ

Bluzka

بلاؤز

Koszula

قمیض

Pulower

پُل اوور

Bluza sportowa

سویٹر

Marynarka

بلیزر

Kurtka

جیکٹ

Płaszcz

کوٹ

Płaszcz przeciwdeszczowy

رین کوٹ

Kostium

کوئی خاص لباس

Sukienka

لباس

Suknia ślubna

شادی کا لباس

Garnitur męski

سوٹ

Koszula nocna

نائٹ گاؤن

Piżama

پائجامہ

Sari

ساڑھی

Chusta na głowę

سرپرلیا جانےوالا اسکارف

Turban

پگڑی

Burka

بُرقع

Kaftan

کفتان

Abaya

عبایہ

Strój kąpielowy

تیراکی کا سوٹ

Kąpielówki

ٹرنک

Krótkie spodnie

نیکر

Dres sportowy

ٹریک سوٹ

Fartuch

اپرن

Rękawiczki

دستانے

Guzik

بٹن

Okulary

عینک

Bransoletka

کنگن

Łańcuszek

بار

Pierścionek

انگوٹھی

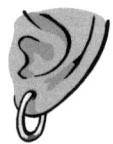

Kolczyk

کانوں کی بالیاں

Czapka

ٹوپی

Wieszak

کوٹ ہینگر

Kapelusz

ہیٹ

Krawat

ٹائی

Zamek błyskawiczny

زپ

Kask

ہیلمٹ

Szelki

بریسز

Mundurek szkolny

سکول یونیفارم

Mundur

وردی

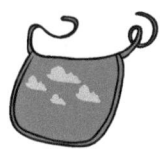

Śliniaczek

بب

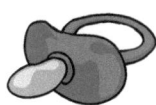

Smoczek

ڈمی

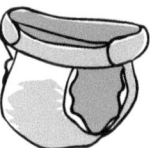

Pieluszka

نیپی

Biuro

دفتر

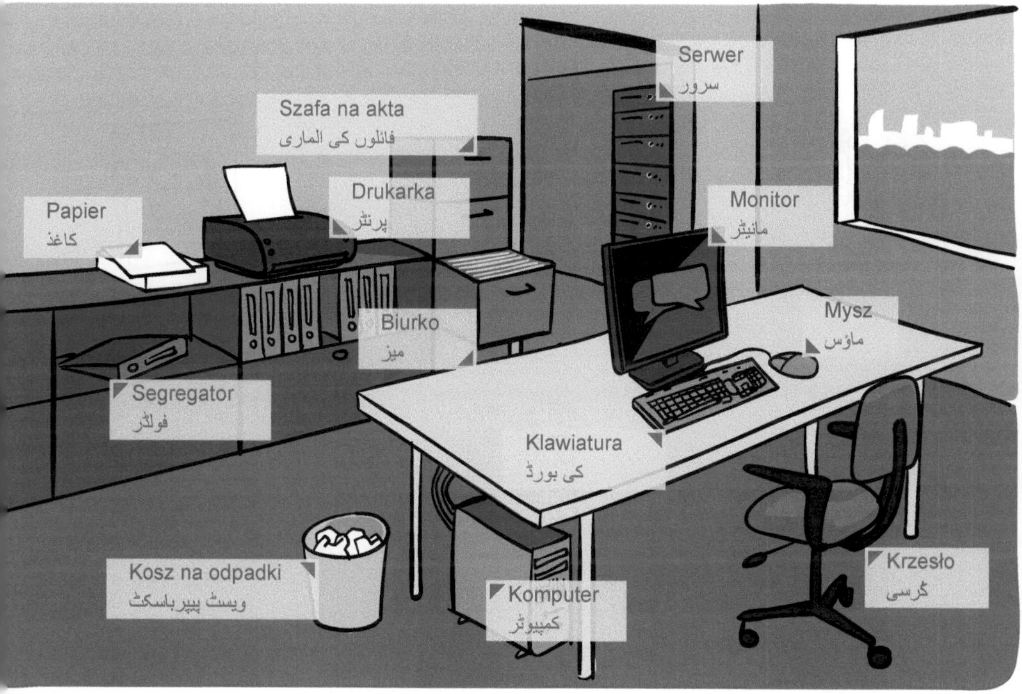

Serwer
سرور
Szafa na akta
فائلوں کی الماری
Papier
کاغذ
Drukarka
پرنٹر
Monitor
مانیٹر
Biurko
میز
Mysz
ماؤس
Segregator
فولڈر
Klawiatura
کی بورڈ
Kosz na odpadki
ویسٹ پیپر باسکٹ
Komputer
کمپیوٹر
Krzesło
کُرسی

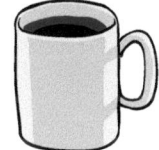

Filiżanka do kawy

کافی مگ

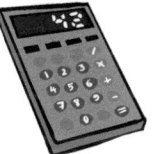

Kalkulator

کیلکولیٹر

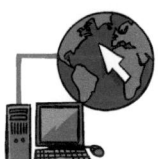

Internet

انٹرنیٹ

Laptop

لیپ ٹاپ

List

خط

Wiadomość

پیغام

Komórka

موبائل

Sieć

نیٹ ورک

Kopiarka

فوٹوکاپئیر

Oprogramowanie

سافٹ ویئر

Telefon

ٹیلی فون

Gniazdko

پلگ ساکٹ

Faks

فیکس مشین

Formularz

فارم

Dokument

دستاویز

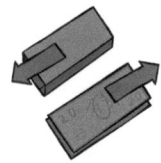

kupić
خریدنا

płacić
ادائیگی کرنا

postępować
تجارت کرنا

Pieniądze
رقم

Dolar
ڈالر

Euro
یورو

Jen
ین

Rubel
روبل

Frank
سوئس فرانک

Juan Renminbi
رینمنیبی یوآن

Rupia
روپیہ

Bankomat
کیش پوائنٹ

Kantor wymiany walut

رقم تبدیل کرانے کیلنے دفتر

Złoto

سونا

Srebro

چاندی

Olej

خام تیل

Energia

توانائی

Cena

قیمت

Umowa

معاہدہ

Podatek

ٹیکس

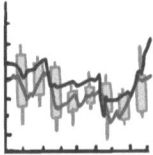

Akcja

اسٹاک

pracować

کام کرنا

Pracownik umysłowy

ملازم

Pracodawca

آجر

Fabryka

فیکٹری

Sklep

دکان

Zawody
پیشے

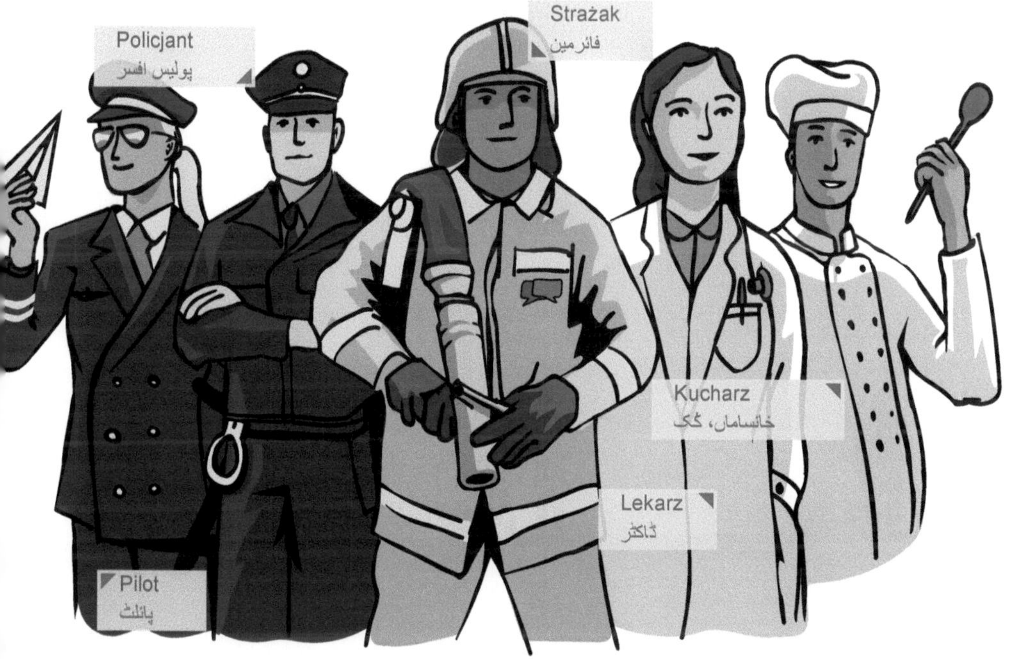
Policjant
پولیس افسر
Strażak
فائرمین
Kucharz
خانساماں، کُک
Lekarz
ڈاکٹر
Pilot
پائلٹ

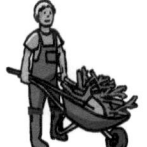

Ogrodnik
مالی

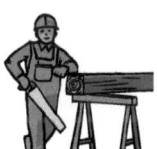

Stolarz
ترکھان

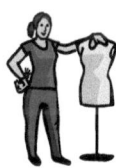

Krawcowa
درزن

Sędzia
جج

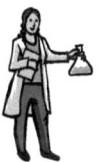

Chemik
کیمسٹ

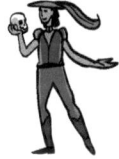

Aktor
اداکار

Kierowca autobusu

بس ڈرائیور

Taksówkarz

ٹیکسی ڈرائیور

Fischer

مچھیرا

Sprzątaczka

صفائی کرنے والی عورت

Dekarz

چھت بنانے والا

Kelner

ویٹر

Myśliwy

شکاری

Malarz

پینٹر

Piekarz

بیکر

Elektryk

الیکٹریشین

Robotnik budowlany

بلڈر

Inżynier

انجینئر

Rzeźnik

قصائی

Instalator

پلمبر

Listonosz

ڈاکیا

Żołnierz

سپاہی

Architekt

آرکیٹیکٹ

Kasjer

کیشنیر

Florysta

پھول بیچنے والا

Fryzjer

نائی

Konduktor

کنڈکٹر

Mechanik

مکینک

Kapitan

کپتان

Dentysta

ڈینٹسٹ

Naukowiec

سائنسدان

Rabin

یہودی عالم

Imam

امام

Mnich

راہب

Proboszcz

پادری

Narzędzia
اوزار

Szczypce
پلائرز
Młotek
ہتھوڑا
Wkrętak
پیچ کس
Latarka
ٹارچ
Klucz do śrub
رینچ

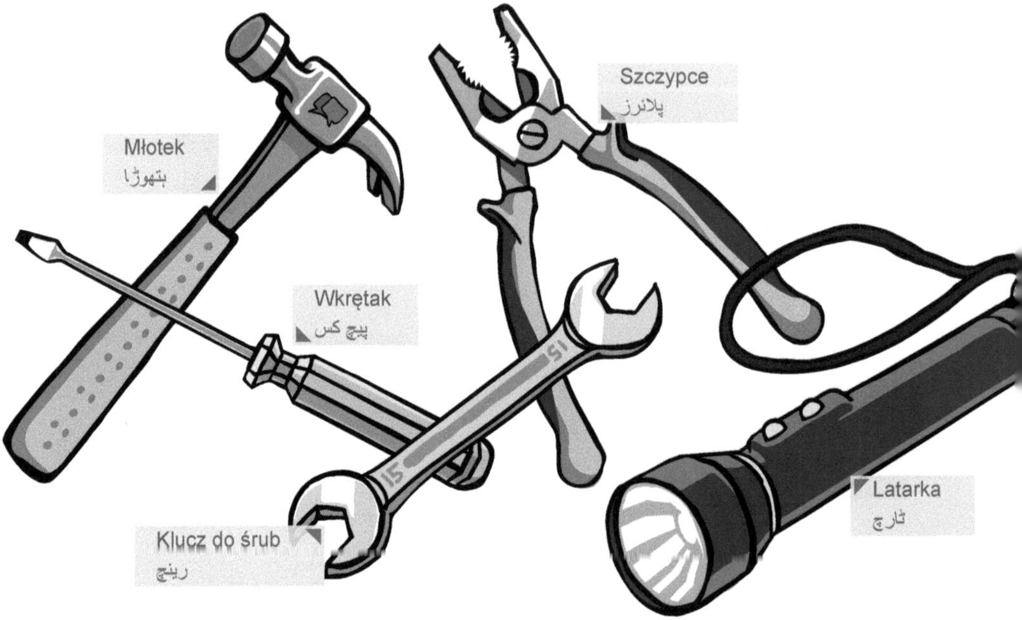

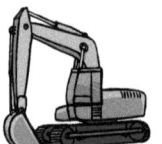

Koparka
ایکسکویٹر

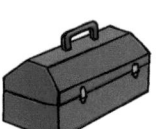

Skrzynka narzędziowa
ٹول باکس

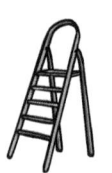

Drabina
سیڑھی

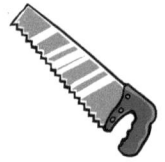

Piła
آری

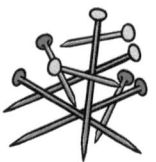

Gwoździe
کیل

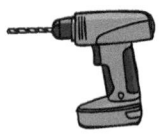

Wiertło
ڈرل

naprawić

مرمت کرنا

Łopatka

بیلچہ

Cholera!

لعنت ہو!

Szufelka

ٹسٹ پین

Puszka z farbą

پینٹ پاٹ

Śruby

پیچ

Instrumenty muzyczne

آلات موسیقی

Głośnik

لاؤڈ اسپیکر

Perkusja

ڈرم سیٹ

Gitara

گٹار

Kontrabas

ڈبل باس

Trąbka

بگل

Pianino

پیانو

Skrzypce

وائلن

Bas

موسیقی کی آواز

Kotły

تمپانی

Bęben

ڈھول، ڈرمز

Keyboard

کی بورڈ

Saksofon

سیکسوفون

Flet

بانسری

Mikrofon

مائیکروفون

Zoo

چڑیا گھر

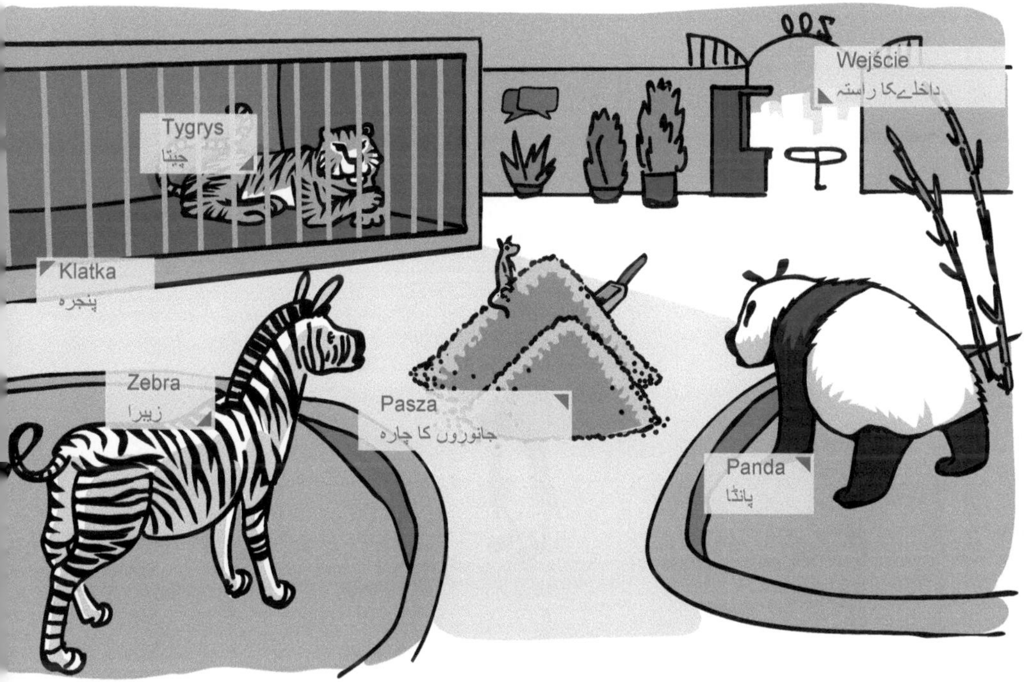

Tygrys
چیتا
Klatka
پنجرہ
Zebra
زیبرا
Pasza
جانوروں کا چارہ
Panda
پانڈا
Wejście
داخلے کا راستہ

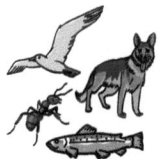

Zwierzęta
جانور

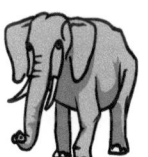

Słoń
ہاتھی

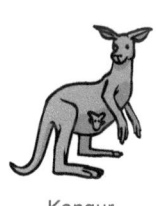

Kangur
کینگرو

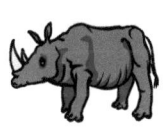

Nosorożec
گینڈا

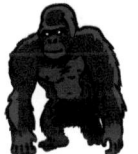

Goryl
گوریلا

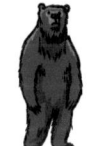

Niedźwiedź
ریچھ

Wielbłąd

اونٹ

Struś

شُتُرمُرغ

Lew

شیر

Małpa

بندر

Fleming

فلیمنگو

Papuga

طوطا

Niedźwiedź polarny

قطبی ریچھ

Pingwin

پینگوئن

Rekin

شارک

Paw

مور

Wąż

سانپ

Krokodyl

مگرمچھ

Dozorca w zoo

چڑیا گھر کا محافظ

Foka

سیل

Jaguar

امریکی تیندوا

Kucyk

ٹٹو

Gepard

چیتا

Hipopotam

دریائی گھوڑا

Żyrafa

زرافه

Orzeł

عقاب

Dzik

سؤر

Ryba

مچھلی

Żółw

کچھوا

Mors

سمندری گھوڑا

Lis

لومڑی

Gazela

غزال ہرن

Futbol amerykański
امريكن فٹ بال

Kolarstwo
سائيكلنگ

Tenis
ٹينس

Koszykówka
باسكٹ بال

Pływanie
پيراكى

Boks
باكسنگ

Hokej na lodzie
آئس ہاكى

Piłka nożna

فٹ بال

Badminton

بيڈمنٹن

Lekka atletyka

اتھليٹكس

Piłka ręczna

ہينڈ بال

Narciarstwo

اسكيننگ

Polo

پولو

śmiać się
ہنسنا

kakać
چھلانگ لگ

objąć
گلے لگانا

iść
چلنا

śpiewać
گانا

marzyć
خواب دیکھنا

modlić się
دُعا کرنا

całować
چُومنا

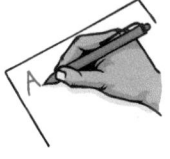

pisać

لکھنا

rysować

تصویرکشی کرنا

pokazywać

دکھانا

nacisnąć

آگے کی طرف دھکیلنا

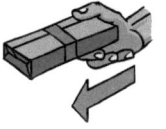

dać

دینا

wziąć

لینا

mieć

 رکھنا

robić

کرنا

być

ہونا

stać

کھڑا ہونا

biegać

دوڑنا

ciągnąć

کھینچنا

rzucać

پھینکنا

spaść

گرنا

leżeć

جھوٹ بولنا

czekać

انتظارکرنا

nosić

اٹھانا

siedzieć

بیٹھنا

zakładać

ملبوس ہونا

spać

سونا

budzić się

جاگنا

spojrzeć

دیکھنا

płakać

رونا

głaskać

چوٹ لگانا

czesać się

کنگھی کرنا

mówić

بات کرنا

rozumieć

سمجھنا

pytać

پوچھنا

słyszeć

مُتوجہ ہونا

pić

پینا

jeść

کھانا

sprzątać

صاف کرنا

kochać

پیارکرنا

gotować

پکانا

jechać

گاڑی چلانا

latać

اڑنا

żeglować

بحری سفرکرنا

liczyć

شمارکریں

czytać

پڑھنا

uczyć się

سیکھنا

pracować

کام کرنا

wejść w związek małżeński

شادی کرنا

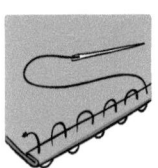

szyć

سینا

myć zęby

دانت صاف کرنا

zabić

جان سےماردینا

palić tytoń

تمباکونوشی کرنا

wysłać

بھیجنا

Babcia
دادی

Dziadek
دادا

Ojciec
پاپ

Matka
ماں

Niemowlę
طفل

Córka
بیٹی

Syn
بیٹا

Gość

مہمان

Ciotka

چچی

Wujek

چچا

Brat

بھائی

Siostra

بہن

Ciało

جسم

Czoło
ماتھا
Oko
آنکھ
Ramię
کندھا
Palec
انگلی
Twarz
چہرہ
Broda
ٹھوڑی
Ręka
ہاتھ
Pierś
چھاتی
Noga
ٹانگ
Ramię
بازو

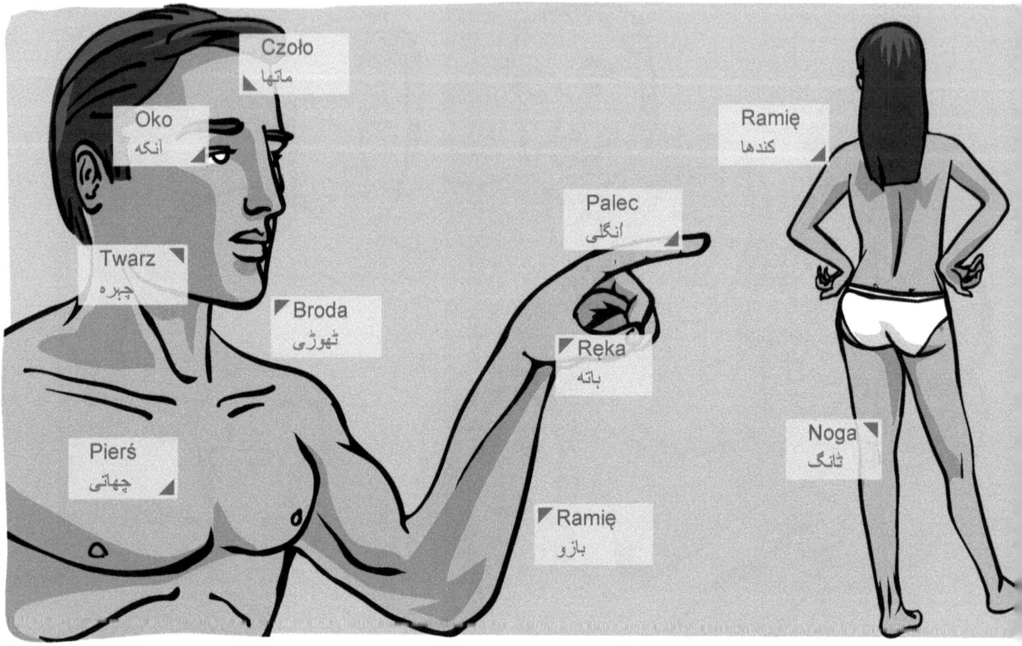

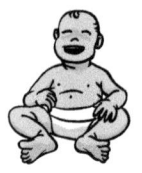

Niemowlę

طفل

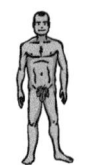

Mężczyzna

آدمی

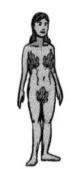

Kobieta

عورت

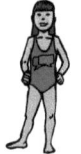

Dziewczyna

لڑکی

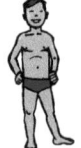

Chłopiec

لڑکا

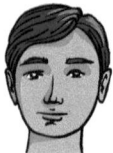

Głowa

سر

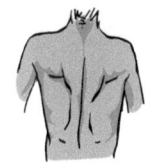

Plecy

کمر

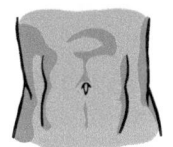

Brzuch

پیٹ

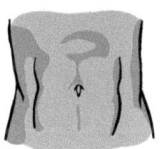

Pępek

ناف

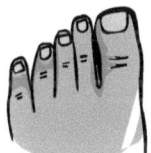

palec nogi

پاؤں کا انگوٹھا

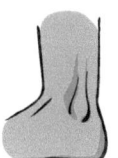

Pięta

ایڑھی

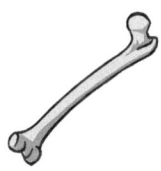

Kość

ہڈی

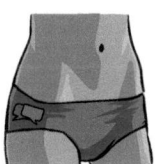

Biodro

کولھا

Kolano

گھٹنا

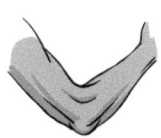

Łokieć

کہنی

Nos

ناک

Pośladki

نچلا حصہ

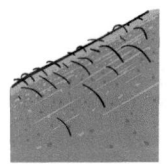

Skóra

جلد

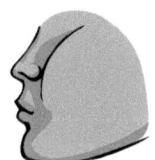

Policzek

گال

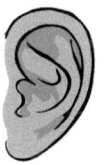

Uszy

کان

Warga

ہونٹ

Usta

مُنہ

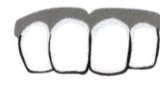

Ząb

دانت

Język

زبان

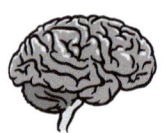

Mózg

دماغ

Serce

دل

Mięsień

پٹھہ

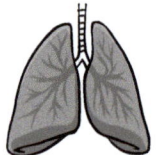

Płuca

پھیپھڑا

Wątroba

جگر

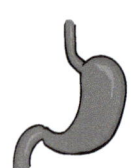

Żołądek

معدہ

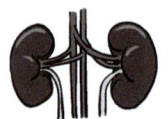

Nerki

گردے

Stosunek płciowy

جنس

Kondom

کنڈوم

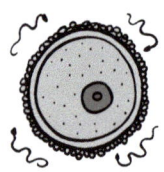

Komórka jajowa

بیضہ

Sperma

ماده منویہ

Ciąża

حمل

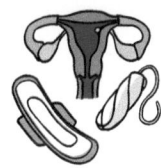

Menstruacja

حیض

Wagina

اندام نہانی

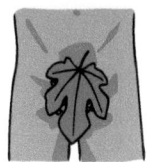

Penis

عضو تناسل

Brew

بھنویں

Włosy

بال

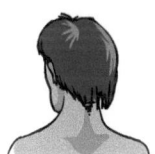

Szyja

گردن

Szpital
ہسپتال

Szpital
ہسپتال
Karetka pogotowia
ایمبولینس
Wózek inwalidzki
وہیل چیئر
Złamanie
ہڈی ٹوٹنا

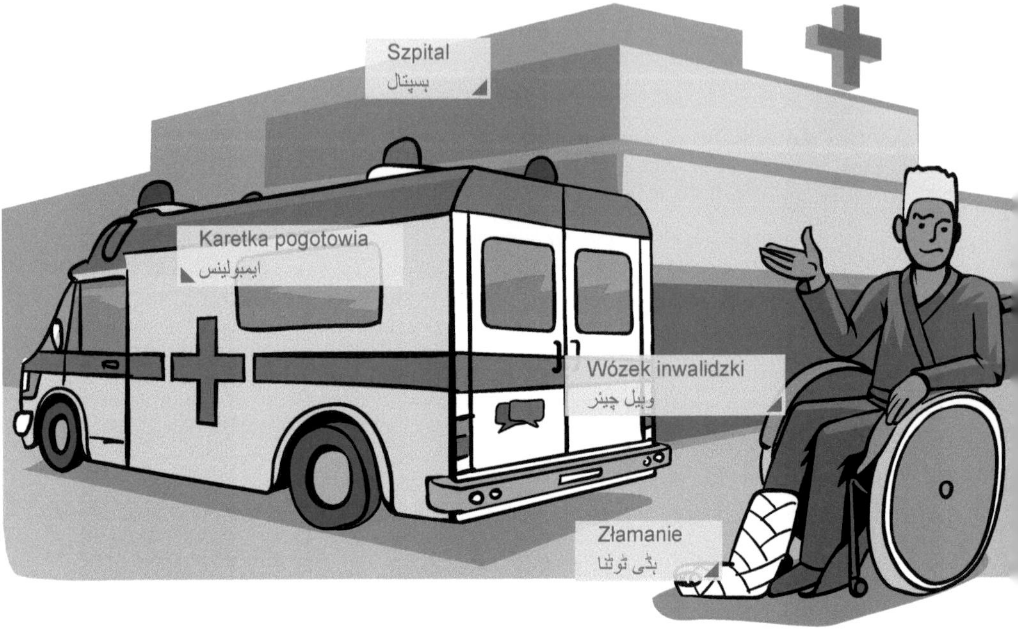

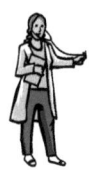

Lekarz
....
ڈاکٹر

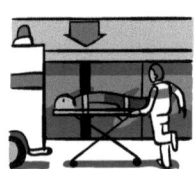

Izba przyjęć
....
ہنگامی کمرہ

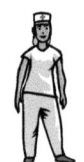

Pielęgniarka
....
نرس

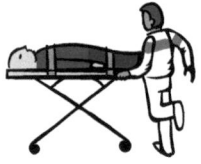

Nagły przypadek
....
ہنگامی صورتحال

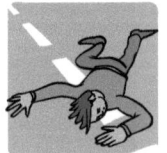

nieprzytomny
....
بےہوش

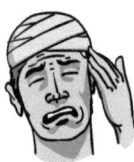

Ból
....
درد

Skaleczenie

زخم

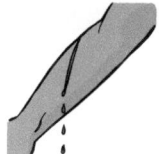

Krwawienie

خون بہنا

Zawał serca

دل کا دورہ

Udar mózgu

فالج

Alergia

الرجی

Kaszleć

کھانسی

Gorączka

بخار

Grypa

زکام

Biegunka

اسہال

Ból głowy

سردرد

Rak

کینسر

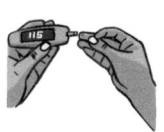

Cukrzyca

ذیابیطس

Chirurg

سرجن

Skalpel

نشتر

Operacja

آپریشن

CT

سی ٹی

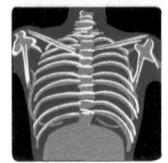

Rentgen

ایکس رے

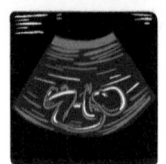

Ultradźwięki

الٹراساؤنڈ

Maska

چہرے کا نقاب

Choroba

بیماری

Poczekalnia

انتظارگاہ

Kula

بیساکھی

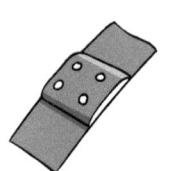

Plaster

پلاسٹر

Opatrunek

پٹی

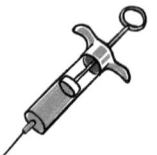

Iniekcja

انجکشن

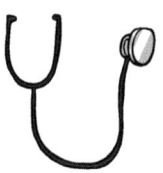

Stetoskop

اسٹیتھواسکوپ

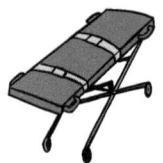

Nosze

اسٹریچر

Termometr

مطبی تھرما میٹر

Poród

پیدائش

Nadwaga

حد سے زیادہ وزن

Aparat słuchowy

آلہ سماعت

Środek dezynfekcyjny

جراثیم کش

Infekcja

انفیکشن

Wirus

وائرس

HIV / AIDS

ایچ آئی وی/ ایڈز

Medycyna

دوا

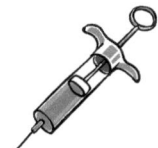

Szczepienie

ویکسی نیشن

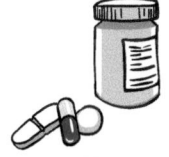

Tabletki

گولیاں

Pigułka

گولی

Telefon ratunkowy

ہنگامی کال

Ciśnieniomierz krwi

بلڈ پریشرمانیٹر

chory / zdrowy

بیمار/ صحتمند

Pomocy!

مدد!

Alarm

الارم

Napad

مُجرمانہ حملہ

Atak

حملہ

Niebezpieczeństwo

خطرہ

Wyjście awaryjne

ہنگامی راستہ

Pożar!

آگ!

Gaśnica

آگ بُجھانےوالہ آلہ

Wypadek

حادثہ

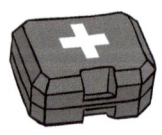

Walizeczka pierwszej pomocy

ابتدائی طبی امداد کی کٹ

SOS

ایس او ایس

Policja

پولیس

Europa

يورپ

Ameryka Północna

شمالی امریکہ

Ameryka Południowa

جنوبی امریکہ

Afryka

افریقہ

Azja

ایشیا

Australia

آسٹریلیا

Atlantyk

بحراوقیانوس

Pacyfik

بحرالکابل

Ocean Indyjski

بحرہند

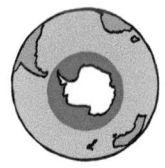

Ocean Antarktyczny

بحرقطب جنوبی

Ocean Arktyczny

بحرقطب شمالی

Biegun północny

قطب شمالی

Biegun południowy

قُطب جنوبی

Antarktyda

انٹارکٹیکا

Ziemia

زمین

Kraj

زمین

Morze

سمندر

Wyspa

جزیرہ

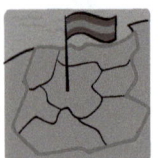

Naród

قوم

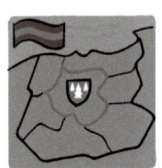

Państwo

ریاست

Cyferblat

كلاك كا سامنے كا حصہ

Wskazówka godzinowa

گھنٹوں والی سوئی

Wskazówka minutowa

منٹوں والی سوئی

Wskazówka sekundowa

سیکنڈ ہینڈ

Która godzina?

کیا وقت ہوا ہے؟

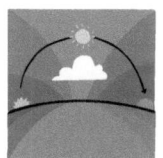

Dzień

دن

Czas

وقت

teraz

اب

Zegarek digitalny

ڈیجیٹل گھڑی

Minuta

منٹ

Godzina

گھنٹہ

Tydzień

هفته

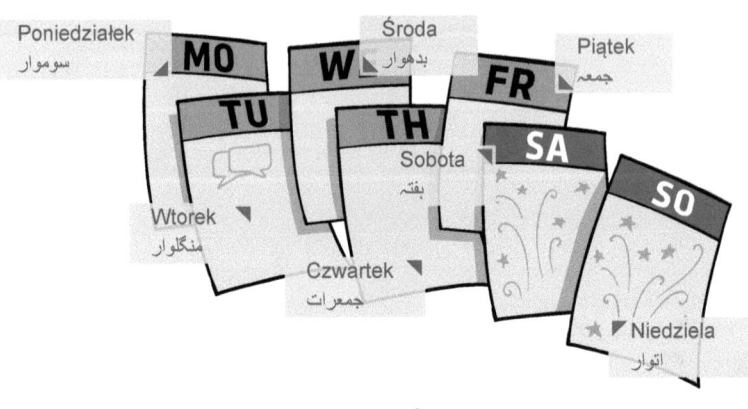

Poniedziałek
سوموار

Środa
بدهوار

Piątek
جمعہ

TU

TH

Sobota
هفته

Wtorek
منگلوار

Czwartek
جمعرات

Niedziela
اتوار

wczoraj

گزرا کل

dzisiaj

آج

jutro

کل

Rano

صبح

Południe

دوپہر

Wieczór

شام

MO	TU	WE	TH	FR	SA	SU
1	2	3	4	5	6	7
8	9	10	11	12	13	14
15	16	17	18	19	20	21
22	23	24	25	26	27	28
29	30	1	2	3	4	5

Dni robocze

کاروباری دن

MO	TU	WE	TH	FR	SA	SU
1	2	3	4	5	6	7
8	9	10	11	12	13	14
15	16	17	18	19	20	21
22	23	24	25	26	27	28
29	30	31	1	2	3	4

Weekend

هفتے کا اختتام

Rok
سال

Deszcz
بارش
Tęcza
قوس قزح
Wiatr
ہوا
Śnieg
برف
Wiosna
بہار
Jesień
خزاں
Lato
موسم گرما
Zima
موسم سرما

4.APRIL 11°
5.APRIL 4°
6.APRIL 13°
7.APRIL 8°
8.APRIL 10°

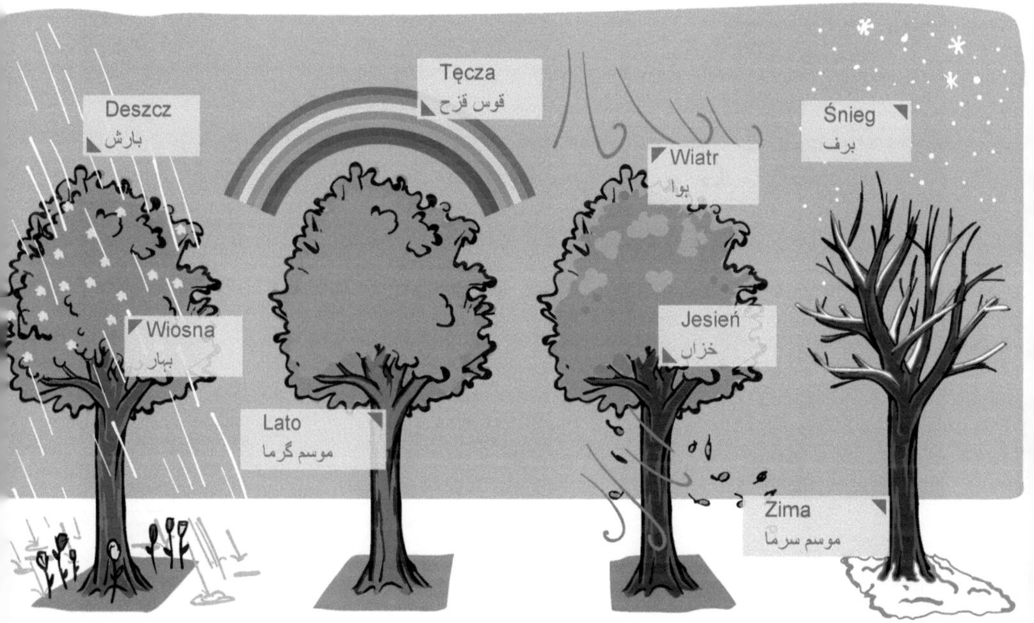

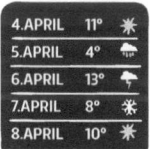

Prognoza pogody

موسمی پیش گوئی

F C
120 40
90 30
60 20
30 10
0 0
-30 -10
-20

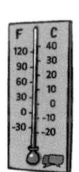

Termometr

تھرما میٹر

Światło słoneczne

دھوپ

Chmura

بادل

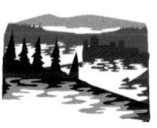

Mgła

دُھند

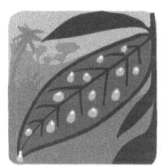

Wilgotność powietrza

حبس

Błyskawica

بجلی کوندھنا

Grzmot

بادلوں کی گرج

Sztorm

طوفان

Grad

ژالہ باری

Monsun

مون سون

Potop

سیلاب

Lód

برف

Styczeń

جنوری

Luty

فروری

Marzec

مارچ

Kwiecień

اپریل

Maj

مئی

Czerwiec

جون

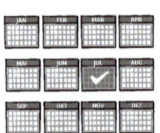

Lipiec

جولائی

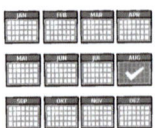

Sierpień

اگست

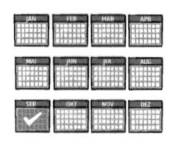

Wrzesień
....
ستمبر

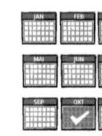

Październik
....
اکتوبر

Listopad
....
نومبر

Grudzień
....
دسمبر

Kształty
اشكال

Koło
....
دائره

Kwadrat
....
چوکور

Prostokąt
....
مُستطیل

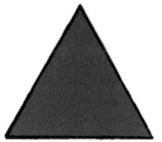

Trójkąt
....
تکون

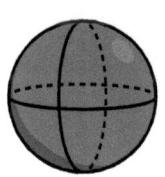

Kula
....
گره

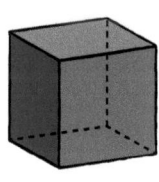

Sześcian
....
مکعب

biały
....
سفید

żółty
....
پیلا

pomarańczowy
....
نارنجی

różowy
....
گلابی

czerwony
....
سُرخ

liliowy
....
جامنی

niebieski
....
نیلا

zielony
....
سبز

brązowy
....
بھورا

szary
....
مٹیالا

czarny
....
سیاه

dużo / mało

بہت زیادہ / بہت کم

wściekły / spokojny

ناراض / پُرسکون

piękny / brzydki

خوبصورت / بدصورت

początek / koniec

آغاز / اختتام

duży / mały

بڑا / چھوٹا

jasny / ciemny

روشن / اندھیرا

brat / siostra

بھائی / بہن

czysty / brudny

صاف / گندا

kompletny / niekompletny

مکمل / نامکمل

dzień / noc

دن / رات

umarły / żywy

زندہ / مُردہ

szeroki / wąski

چوڑا / تنگ

jadalny / niejadalny

کھانے کے قابل ہونا / کھانے کے قابل نہ ہونا

zły / uprzejmy

بُرا / اچھا

podniecony / znudzony

پُرجوش / بوریت کا شکار

gruby / chudy

موٹا / دُبلا

najpierw / na końcu

پہلا / آخری

przyjaciel / wróg

دوست / دُشمن

pełen / pusty

بھرا ہوا / خالی

twardy / miękki

سخت / نرم

ciężki / lekki

بوجھل / ہلکا

głód / pragnienie

بھوک / پیاس

chory / zdrowy

بیمار / صحتمند

nielegalny / legalny

غیرقانونی / قانونی

inteligentny / głupi

عقلمند / بیوقوف

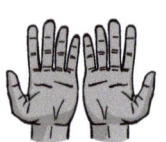

lewo / prawo

بائیں / دائیں

bliski / daleki

نزدیک / دور

nowy / używany

نیا / پُرانا

nic / coś

کچھ نہیں / کچھ ہے

stary / młody

بوڑھا / نوجوان

włącz / wyłącz

آن / آف

otwarty / zamknięty

کھلا / بند

cichy / głośny

خاموش / بُلند آواز

bogaty / biedny

امیر / غریب

prawidłowy / błędny

ٹھیک / غلط

chropowaty / gładki

کھُردرا / ہموار

smutny / szczęśliwy

افسردہ / خوش

krótki / długi

مُختصر / طویل

powolny / szybki

آہستہ / تیز

mokry/suchy

گیلا / خُشک

ciepły / chłodny

گرم / ٹھنڈا

wojna / pokój

جنگ / امن

0

zero

صفر

1

jeden

ایک

2

dwa

دو

3

trzy

تین

4

cztery

چار

5

pięć

پانچ

6

sześć

چھ

7

siedem

سات

8

osiem

آٹھ

9

dziewięć

نو

10

dziesięć

دس

11

jedenaście

گیارہ

12

dwanaście

باره

13

trzynaście

تیره

14

czternaście

چوده

15

piętnaście

پندره

16

szesnaście

سوله

17

siedemnaście

ستره

18

osiemnaście

اتهاره

19

dziewiętnaście

أنیس

20

dwadzieścia

بیس

100

sto

سو

1.000

tysiąc

هزار

1.000.000

milion

دس لاکه

Angielski

انگریزی

Angielski amerykański

امریکی انگریزی

Chiński mandaryński

چینی مینڈارین

Hindi

ہندی

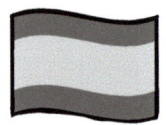

Hiszpański

ہسپانوی

Francuski

فرانسیسی

Arabski

عربی

Rosyjski

روسی

Portugalski

پُرتگالی

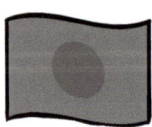

Bengalski

بنگالی

Niemiecki

جرمن

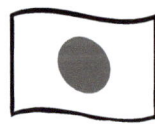

Japoński

جاپانی

ja

میں

ty

تم

on / ona / ono

وہ (لڑکا) / وہ (لڑکی) / یہ

my

ہم

wy

تم

oni

وہ

kto?

کون؟

co?

کیا؟

jak?

کیسے؟

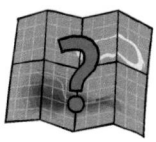

gdzie?

کہاں؟

kiedy?

کب؟

Nazwisko

نام

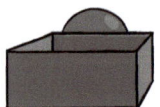

za

پیچھے

w

میں

przed

کے سامنے

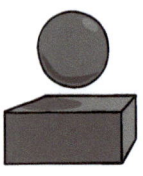

powyżej

اوپر

na

پر

pod

نیچے

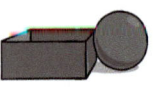

obok

ساتھ

między

درمیان

Miejsce

جگہ